QUELQUES NOTES JURIDIQUES

SUR LES

BREVETS D'INVENTION

A l'usage des

INDUSTRIELS, FABRICANTS ET COMMERÇANTS

PAR

CHARLES CONSTANT

AVOCAT A LA COUR D'APPEL DE PARIS, OFFICIER D'ACADÉMIE

PRIX : **UN FRANC**

PARIS

ALFRED CHÉRIÉ, LIBRAIRE-ÉDITEUR

40, RUE HALLÉ, **40**

—

1884

[illegible]

QUELQUES NOTES JURIDIQUES

SUR LES

BREVETS D'INVENTION

Les progrès de l'industrie et la multiplicité des inventions rendent de plus en plus indispensable, pour les industriels, la connaissance, au moins sommaire, des lois qui régissent les brevets et dont l'application est chaque jour plus fréquente. Donner quelques notions précises en cette matière, tel est le but de cette petite notice.

DÉFINITION DU BREVET.

Il faut tout d'abord que l'on sache bien que le *brevet* ne confère par lui-même aucun droit de propriété; ce n'est qu'un titre constatant qu'à un moment donné une personne s'est déclarée auteur d'une invention; c'est, comme on l'a dit avec esprit, l'acte de naissance de l'invention.

Le brevet d'invention n'est d'ailleurs autre chose que la constatation du contrat qui est intervenu entre l'inventeur et la société : l'inventeur livre sa découverte à la connaissance de tous; mais, en échange, il reçoit du gouvernement, représentant la société, la garantie d'un monopole temporaire, d'une jouissance exclusive placée sous la protection de la loi.

INVENTIONS SUSCEPTIBLES D'ÊTRE BREVETÉES.

Pour qu'une invention soit brevetable, il faut, avant tout, qu'elle puisse être industriellement utilisée. La loi du 5 juillet 1844, qui seule régit en France les brevets d'invention, n'a été faite que dans l'intérêt de l'industrie et non dans l'intérêt de la science. La loi ne protège pas les découvertes scientifiques, quelle qu'en soit l'importance, quelques efforts de génie qu'elles aient coûtés; elle ne s'applique qu'aux *inventions industrielles*, c'est-à-dire à un objet matériel, saisissable, transmissible, ou à un procédé applicable, déterminé, conduisant à un résultat industriel quelconque. Ainsi, la découverte de l'électricité n'est pas brevetable, tandis que l'invention d'une machine électrique peut être l'objet d'un brevet.

La loi ne considère d'ailleurs ni la valeur de la découverte, ni l'importance de ses résultats; elle ne demande qu'une seule chose : y a-t-il ou n'y a-t-il pas une invention, c'est-à-dire une modification nouvelle et essentielle, un *produit nouveau* ?

La nouveauté, c'est en effet une seconde condition indispensable pour que l'invention soit brevetable. Il n'est rien de nouveau sous le soleil; mais, pour être nouveau, au regard de la loi, il n'est pas nécessaire que le produit n'ait jamais eu de similaires; il suffit qu'il se distingue des autres par des caractères nouveaux, certains, essentiels, c'est-à-dire qu'il soit un *nouveau produit industriel*. Ainsi, celui qui a le premier créé des cartes à jouer, avec des coins arrondis et dorés n'a pas inventé un produit, mais les avantages spéciaux qu'offraient les nouvelles cartes ont fait justement considérer comme brevetable l'invention de ce nouveau produit industriel. Au contraire, le fabricant qui se serait borné à approprier une étoffe au goût du jour, en renouvelant cette étoffe par le dessin, la couleur ou la richesse du tissu, a bien pu créer une nouveauté dans le sens commercial du mot, mais non créer un produit industriel nouveau susceptible d'être breveté.

Ce n'est pas seulement le produit nouveau qui est brevetable, le *résultat nouveau* l'est également. On comprend qu'un résultat ne se présente pas à nous, comme le produit, sous l'apparence d'un corps déterminé, défini, tangible; aussi la loi n'admet-elle pas que le résultat puisse être brevetable en lui-même, indépendamment des moyens mis en œuvre pour l'obtenir. Ainsi, le fait de disposer le fer, dans la fabrication des essieux coudés, de façon à maintenir la continuité et le parallélisme des fibres, conditions bien connues de la force de cohésion ou de la solidité du fer, ne constitue qu'un résultat qui ne peut être l'objet d'un brevet valable.

Ce sont bien moins les résultats nouveaux que *les moyens nouveaux* qui sont susceptibles d'être brevetés. Tandis que l'invention de nouveaux produits ajoute des éléments aux choses que l'industrie peut consommer ou employer, l'invention de nouveaux moyens lui fournit d'autres agents de production de ces mêmes produits; il y a donc même avantage pour la société, et, par conséquent, même raison d'accorder un brevet.

Mais c'est surtout dans *l'application nouvelle de moyens connus*, que les inventions sont nombreuses et variées; aussi importe-t-il de bien préciser ce qu'il faut entendre par une application nouvelle.

Pour qu'une application nouvelle soit brevetable, il n'est pas nécessaire que le résultat soit nouveau; il suffit que les moyens employés, bien que déjà connus, n'aient jamais servi à obtenir le résultat qu'ils donnent pour la première fois. Peu importe d'ailleurs qu'il y ait une différence absolue, radicale, dans le résultat ; aussi l'industriel fait-il une application nouvelle de moyens connus, lorsqu'il prend ces moyens et les applique autrement, en change les combinaisons, les simplifie par des suppressions ou les complète par des additions d'autres moyens également connus, les réunissant lorsqu'ils sont épars, les séparant lorsqu'ils sont réunis, pourvu que tous ses efforts et ses combinaisons tendent à l'obtention d'un résultat ou d'un produit industriel.

En résumé, ce que la loi déclare brevetable, c'est la combinaison nouvelle d'organes déjà connus quand le résultat produit est meilleur ou plus complet que le résultat qu'on obtenait précédemment. Le transport pur et simple d'un organe ou d'un agent d'un objet à un autre ou d'une industrie à une autre, ne saurait constituer une invention nouvelle susceptible d'être brevetée. Une application de moyens connus ne peut être brevetable que si elle a exigé un effort d'intelligence et une appropriation spéciale ; si le procédé nouveau consiste uniquement dans un emploi plus ingénieux d'appareils ou de moyens connus, on ne saurait dire qu'il y a une véritable invention dans le sens juridique du mot. Mais, la combinaison nouvelle d'éléments connus est une des sources les plus fécondes de l'invention et des découvertes industrielles ; associer pour la première fois des éléments qui, jusqu'alors, étaient restés séparés, c'est les appliquer d'une façon nouvelle ; et dès lors on comprend qu'il est juste de considérer cette combinaison comme susceptible d'être brevetée.

Il n'y a d'ailleurs qu'une seule règle pour savoir si une invention est brevetable au regard de la loi : pour qu'il y ait lieu à brevet, il faut qu'il y ait eu un effort d'intelligence produisant un résultat réel et nouveau, que les organes assemblés aient une liaison utile, une action réciproque et nouvelle ; aussi les tribunaux examinent-ils toujours, dans les espèces qui leur sont soumises, l'ensemble de l'invention, afin d'apprécier, non pas les organes individúellement, mais leur combinaison et leur effet.

DES DEMANDES DE BREVET.

Quiconque veut prendre un brevet d'invention doit déposer, sous pli cacheté, au secrétariat de la préfecture dans le département où il est domicilié, ou de tout autre département, en y élisant domicile :

1º Une demande au ministre de l'agriculture et du commerce ;

2º Une description de la découverte, invention ou application faisant l'objet du brevet demandé;

3° Les dessins ou échantillons qui seraient nécessaires pour l'intelligence de la description ;

4° Un bordereau des pièces déposées.

Toutes ces pièces doivent être signées par le demandeur ou par un mandataire, dont le pouvoir est annexé à la demande.

Ajoutons qu'aucune demande de brevet n'est reçue que sur la production d'un récépissé constatant le versement à la recette générale à Paris, ou à la recette centrale dans les départements, d'une somme de cent francs à valoir sur le montant des annuités dont nous parlerons plus loin.

RÉDACTION DE LA DEMANDE.

La *demande de brevet* n'est assujettie à aucune forme spéciale, mais elle doit être rédigée avec le plus grand soin, pour éviter toute méprise ; aussi nous ne saurions trop recommander aux industriels de s'adresser, pour l'obtention des brevets qu'ils veulent prendre, aux personnes compétentes en ces matières ; c'est encore le meilleur moyen d'éviter des retards, des rectifications et des ennuis. Nous allons toutefois indiquer à ceux qui voudraient eux-mêmes demander un brevet d'invention, les formes généralement en usage.

Il est bon que les pièces à fournir, et dont nous venons de présenter l'énumération, soient séparées les unes des autres et ne soient pas comprises dans un acte unique, contenant à la fois la demande, la description, les dessins et le bordereau.

La demande doit mentionner avec exactitude les nom, prénoms, profession du demandeur, et l'indication précise de son domicile réel ou élu, suivant qu'il habite ou n'habite pas la France.

La demande doit être limitée à une seule invention principale, avec les objets de détail qui la constituent et les applications qui ont été indiquées. Il ne faut pas qu'un inventeur puisse, sous un même titre, placer des inventions hétérogènes qui n'auraient entre elles aucun lien.

Elle doit préciser les applications que l'inventeur compte faire de son invention, car l'effet de la demande est limité aux applications indiquées par l'inventeur ou aux applications tout à fait analogues à celles indiquées : les effets non prévus ou ne découlant pas nécessairement des effets prévus restent en dehors de l'invention brevetée.

L'inventeur est tenu de fixer dans sa demande la durée qu'il entend assigner à son brevet; cette durée ne peut être que de cinq, dix ou quinze ans à son choix; elle ne peut-être étendue ou restreinte; les périodes de cinq, dix ou quinze années ne peuvent être modifiées. D'ailleurs, en pratique, on demande toujours le brevet pour quinze ans, puisque l'inventeur peut ensuite, à son gré, restreindre la durée du brevet en ne payant pas ses annuités.

La demande ne doit contenir ni restrictions, ni

conditions, ni réserves. Les industriels emploient souvent, dans leurs demandes, des formules limitatives qui constituent de véritables réserves ; il importe de leur rappeler que ces restrictions n'ont aucune valeur légale.

Enfin, la demande du brevet doit avoir un titre renfermant la désignation sommaire et précise de l'objet de l'invention. Le titre du brevet a une grande influence sur les décisions des magistrats appelés à décider de la valeur d'une découverte ou à constater les rapports existant entre les objets décrits et ceux que le breveté accuserait d'en être la contrefaçon ; il est donc important que le titre soit bien conçu et bien libellé, et qu'il indique très clairement l'objet qu'il s'agit de breveter.

La pièce qui contient la *description de l'invention* ne saurait être rédigée avec trop de soin. La description de la découverte ou de l'application nouvelle est la formalité essentielle ; c'est elle qui, en cas de contrefaçon, servira principalement de titre à l'inventeur pour revendiquer ses droits.

La description du brevet doit être écrite en français ; les mots techniques empruntés à une langue étrangère peuvent seuls y figurer, lorsque ces mots sont admis, dans l'industrie, pour désigner divers organes ou procédés.

Elle est rédigée sur papier libre (peut-être vaudrait-il mieux la rédiger sur papier timbré), sans altération ni surcharge ; les mots rayés comme nuls doivent être comptés et constatés, les pages et les renvois paraphés. Elle ne doit contenir aucune dénomination de poids ou de mesures autres que celles du système décimal.

Enfin, la description doit être complète, claire et loyale, de telle sorte qu'un homme de l'art ou du métier puisse facilement, en la lisant, se rendre compte de l'invention brevetée et même l'exécuter.

Les mémoires descriptifs de l'invention se terminent ordinairement par ces mots : « En conséquence, je revendique la priorité de telle découverte. » Cette formule de revendication, usitée dans certaines législations étrangères, n'est pas prescrite par la loi française ; on peut regretter qu'elle n'y soit pas inscrite ; en tous cas, le breveté étant intéressé à ce que la revendication précise ce qu'il veut, nous ne croyons pas inutile l'insertion de la formule ci-dessus.

Les *dessins* qui peuvent être joints à la description, pour la compléter ou l'éclairer, doivent être tracés à l'encre ordinaire ou à l'encre d'imprimerie ou encore au crayon lithographique ; il en résulte qu'ils peuvent être autographiés, lithographiés ou imprimés. Ils pourraient même être photographiés, pourvu que la photographie fût ineffaçable. Nous conseillerons cependant de ne produire, à l'appui d'une demande de brevet, que des dessins à l'encre faits à la main ; c'est le meilleur moyen d'éviter les inconvénients d'une publicité anticipée dont on pourrait arguer si les dessins étaient autographiés, lithographiés, photographiés ou gravés.

Il y a des inventeurs qui ne joignent pas de dessin à leur description ; c'est évidemment leur droit, mais les dessins sont le plus souvent très utiles, car ils rendent saisissante une description qui peut, par elle-même, être obscure.

D'autres inventeurs ne produisent, à l'appui de leur demande de brevet, que des dessins sans description, se contentant d'une courte légende ; c'est encore leur droit, pourvu que la légende suffise à décrire et expliquer clairement le dessin.

Mais lorsque les inventeurs joignent un dessin à leur description, il n'est peut-être pas inutile de rappeler que le déssin ne peut qu'expliquer la description sans en modifier le sens ou y ajouter un élément nouveau ; qu'il ne supplée pas à la description, mais que s'il indique un objet brevetable que la description a, sinon omis, au moins laissé dans l'ombre, cet objet est par cela même brevetable.

Ajoutons que description et dessin doivent être rédigés en double exemplaire, une première expédition devant demeurer dans les archives du ministère, et la seconde être remise à l'inventeur avec le visa du ministre.

Les dessins qu'il est d'usage de joindre à la description peuvent être, au besoin, remplacés par des *échantillons* ou des *modèles*; mais il ne faut pas que les inventeurs s'en rapportent absolument à ces échantillons ou à ces modèles ; ceux-ci peuvent être perdus au ministère de l'agriculture et du commerce où ils sont déposés et assez mal conservés ; si le mémoire descriptif n'est pas complet sans le modèle, et si ce modèle vient à se perdre, les conséquences de ce dernier évènement retomberont sur le breveté. Rien ne remplace la description, c'est l'élément essentiel, légal, de toute appréciation ; dessins, échantillons ou modèles ne servent qu'à la commenter, à l'expliquer, à la compléter; ils ne la suppléent jamais.

Nous avons dit que toutes les pièces produites à l'appui de la demande de brevet devaient porter, ainsi que celle-ci, la signature de l'inventeur ou de son mandataire. Lorsque c'est le *mandataire* qui signe les pièces, il faut qu'il y joigne son pouvoir. Celui-ci peut être sous seing privé, c'est-à-dire rédigé sur une simple feuille de papier timbré de 60 centimes. La signature du mandant doit être légalisée par les autorités compétentes.

Si la procuration est donnée par acte notarié, la signature du notaire n'a pas besoin d'être légalisée.

Enfin, si l'inventeur est déjà breveté à l'étranger, il doit déclarer dans la procuration la date, le titre et la durée du brevet étranger.

DÉPÔT DE LA DEMANDE.

En possession des pièces sur la forme desquelles nous venons de fournir quelques explications, l'inventeur ou son fondé de pouvoirs n'a qu'à se présenter au secrétariat général de la préfecture où il entend déposer sa demande, et pourvu que le déposant soit porteur du récépissé de la somme de cent francs qu'il a dû verser au préalable à la caisse du receveur général, le secrétaire général de la préfecture n'a qu'à recevoir les pièces qui lui sont présentées et à dresser, séance tenante, procès-verbal du dépôt. Ce procès-verbal est signé du secrétaire-général et du déposant, et ce dernier peut immédiatement se faire délivrer une copie dudit procès-verbal, contre le simple remboursement du papier timbré employé.

Le *procès-verbal de dépôt* doit mentionner non-seulement le jour, mais l'heure du dépôt. L'indication de l'heure a une importance capitale dans le cas où deux brevets viendraient à être pris le même jour pour le même objet ; car c'est au breveté premier en date qu'appartient le droit privatif, à l'exclusion de l'inventeur qu'il a devancé.

Le secrétaire-général de la préfecture n'est qu'un intermédiaire ; il n'est pas juge de la régularité de la demande, et ne peut, sous aucun prétexte, avoir des exigences particulières ou refuser de dresser procès-verbal si le requérant insiste ; il n'a qu'à recevoir le pli cacheté qu'on lui présente, sans l'ouvrir, et à en opérer la *transmission au ministre*, dans les cinq jours de la date du dépôt, en joignant une copie certifiée du procès-verbal de dépôt, le récépissé constatant le versement de la taxe, et, s'il y a lieu, le pouvoir du mandataire qui a effectué le dépôt.

Ce n'est qu'à leur arrivée au ministère de l'agriculture et du commerce qu'il est procédé à l'ouverture des demandes de brevet, à leur enregistrement et à l'expédition des brevets dans l'ordre desdites demandes.

Avant d'expédier le brevet, c'est-à-dire de prendre un arrêté qui constitue le brevet, le ministre n'a qu'à examiner les conditions extrinsèques de la demande qui lui est adressée par l'inventeur ; il n'a pas à apprécier la réalité ou la valeur de l'invention, à rechercher si le breveté a véritablement innové, si son invention est industrielle, si elle est pratique et complète.

DE LA DÉLIVRANCE DU BREVET.

Le brevet, d'après la loi française, doit être délivré sans examen préalable ; il est *accordé à qui le demande*, parce que précisément la délivrance d'un brevet n'est pas la preuve que celui qui l'obtient a réellement fait une découverte, elle prouve seulement qu'il s'est prétendu être inventeur. N'ayant pas le droit d'examiner la valeur de l'invention, le ministre ne s'en porte pas garant, et l'on connaît la formule d'usage que doit toujours employer le breveté, sous peine d'amende : « breveté sans garantie du gouvernement. »

Ainsi, quand la demande de l'inventeur est régulière en la forme et qu'elle n'est pas contraire aux lois qui défendent d'accorder la patente dans certains cas déterminés : remèdes, plans de finances, choses contraires à l'ordre ou la sûreté publique, aux bonnes mœurs ou aux lois, le ministre ne peut se refuser à délivrer un brevet.

L'arrêté ministériel qui constitue le brevet est délivré à l'inventeur dans les trois mois environ qui suivent sa demande, et, à l'expédition de cet arrêté qui est délivré sans frais, est joint le duplicata certifié de la description et des dessins. Toute expédition ultérieure du brevet, demandée par le breveté ou ses ayants cause, donne lieu au paiement d'une taxe de vingt-cinq francs ; les frais de dessin, s'il y a lieu, demeurent en outre à la charge de l'impétrant.

Ajoutons que tous les brevets accordés doivent être publiés, tous les trois mois, au *Bulletin des lois;* mais, dans la pratique, cette publication n'est jamais régulière.

Lorsque le ministre a des doutes sur la régularité de la demande de brevet qui lui est adressée,

il prend l'avis du *conseil supérieur des arts et ma-*
nufactures, qui examine si les pièces produites par
l'inventeur sont régulières en la forme et si l'invention est de celles qui sont légalement breveta-
bles ; au besoin même, l'inventeur est appelé devant ce comité consultatif, fournit ses explications
et reçoit des avis sur la rédaction de son mémoire
descriptif ou sur la manière de tracer ses dessins.

Cette sorte de tutelle officieuse qu'exerce, auprès
des inventeurs, le conseil des arts et manufactures,
permet de] diminuer dans une notable mesure le
nombre des demandes de brevet qui sont rejetées
par le ministre.

Le *rejet du brevet*, qui ne peut d'ailleurs, notons-le
bien, avoir pour cause les oppositions des tiers, mais
simplement l'irrégularité de la demande, n'empêche
pas l'inventeur de reproduire sa requête. Cinquante
francs sur les cent francs versés lors du dépôt de
la demande, restent seulement acquis au trésor ;
bien plus, l'inventeur n'a même pas à subir cette
perte de cinquante francs, s'il reproduit sa demande
dans un délai de trois mois à compter de la date
de la notification du rejet de sa requête.

DES CERTIFICATS D'ADDITION.

Pendant toute la durée du brevet, l'inventeur a
le droit, il a même le devoir, d'apporter à son in-

vention les changements, perfectionnements ou additions qu'il jugera convenables. Il fait constater ces changements par ce qu'on appelle des *certificats d'addition,* qui sont délivrés dans la même forme que le brevet principal, et qui produïsent, à partir des dates respectives des demandes et de leur expédition, les mêmes effets que le brevet principal avec lequel ils prennent fin. Chaque demande de certificat d'addition donne lieu au paiement d'une taxe de vingt francs.

Le certificat d'addition ne présente aux inventeurs qu'un seul avantage, c'est de coûter moins cher qu'un brevet proprement dit, et, le plus souvent, il sera préférable, à chaque perfectionnement de quelque importance, de prendre un nouveau brevet.

Nous avons dit, en effet, que le certificat d'addition prenait fin avec le brevet principal; il sera donc préférable de prendre un brevet nouveau qui prolongera pour l'inventeur l'exploitation de son invention modifiée ou perfectionnée. Enfin le certificat d'addition profite à tous les ayants droit, cessionnaires ou licenciés, tandis que le brevet nouveau reste la propriété particulière du breveté, qui n'est pas tenu d'en faire jouir ses cessionnaires s'il ne s'y est obligé dans l'acte de cession. D'ailleurs, perfectionner c'est encore inventer; pourquoi ne ferait-on pas reconnaître l'invention nouvelle par un brevet nouveau?

Il ne faudrait pas toutefois prendre un brevet pour un léger perfectionnement qui ne serait qu'un simple complément de l'invention primitive; un certificat d'addition sera toujours largement suffisant. Il ne faudrait pas davantage qu'un brevet de perfectionnement vînt, pour ainsi dire, se greffer sur le brevet principal, dans le but unique de prolonger ou de perpétuer le droit exclusif de l'inventeur. Les tribunaux ne manqueraient pas de déjouer ces manœuvres abusives et de rechercher si le brevet de perfectionnement obtenu se soutient par lui-même, indépendamment du brevet principal à la veille d'expirer.

DES BREVETS DE PERFECTIONNEMENT

De ce qu'une invention est brevetée, il ne s'ensuit pas que, pendant toute la durée du brevet, nul autre que le propriétaire ne puisse apporter des perfectionnements, ajouter aux travaux de l'inventeur le fruit de ses propres observations, de ses recherches et de ses travaux. Les tiers inventeurs, les perfectionneurs si l'on peut ainsi dire, ont le droit de prendre un *brevet pour les perfectionnements* qu'ils apportent à l'invention déjà brevetée ; mais pendant une année à partir de la délivrance de son brevet, le breveté principal, originaire, sera préféré à l'auteur du perfectionnement, pour les changements et additions pour lesquels il aura lui-même demandé un certificat d'addition ou un brevet. Bien plus, toutes les fois que, pendant cette première année le breveté principal rencontrera sur son chemin, même chez autrui, l'idée d'un changement, perfectionnement ou addition, il aura le droit de s'en emparer.

Les tiers qui, pendant cette première année, trouvent des changements, perfectionnements ou additions à l'invention brevetée, feront donc bien de ne pas les exploiter et de demander un brevet principal, en ayant soin de déposer leur spécification sous pli cacheté, et en indiquant la relation de leur invention avec celle qu'ils améliorent. Cette indication est de la plus grande importance, car le ministre, averti par elle, ne brisera le cachet qu'après le délai prescrit, et l'auteur du perfectionnement pourra utilement obtenir son brevet.

Supposons maintenant, en présence l'un de l'autre, un brevet d'invention pris par une personne, et un brevet de perfectionnement de la même invention pris par une autre; le premier breveté aura le droit exclusif d'exploiter sa découverte, et ne pourra profiter du perfectionnement breveté par un tiers, sans avoir obtenu le consentement de ce dernier, lequel ne pourra lui-même se servir de l'invention principale sans le consentement du premier breveté. Dans la pratique, une entente amiable intervient, heureusement presque toujours, entre les deux brevetés.

DES CESSIONS DE BREVETS.

Un brevet d'invention est un objet mobilier dont le propriétaire peut disposer de la même façon que ses autres biens ; il peut notamment le céder, soit à titre gratuit, soit à titre onéreux.

La *cession d'un brevet* ne peut être faite que par acte notarié, et après le paiement de la totalité de la taxe afférente à la durée du brevet ; elle peut être totale ou partielle. L'on peut ainsi céder le droit de fabriquer en se réservant le droit de vendre, limiter la cession à certaines parties du territoire, imposer, en un mot, toutes conditions, limitations ou réserves qui sont autorisées par les règles générales sur les conventions.

En disant que la cession d'un brevet ne peut avoir lieu que par *acte notarié*, le législateur n'a prévu que le cas d'une cession volontaire ; car, si la vente du brevet est faite par autorité de justice ou si, par suite d'une contestation, il est intervenu un jugement qui attribue la propriété du brevet à un autre que le titulaire, l'acte notarié est dans ce cas remplacé, soit par le jugement d'adjudication, soit par la décision attributive de la propriété du brevet.

Il est une autre formalité indispensable à remplir en cas de cession d'un brevet, afin que celle-ci soit valable à l'égard des tiers, c'est *l'enregistrement de l'acte de cession* au secrétariat de la préfecture du département dans lequel l'acte a été passé ; cet enregistrement est fait sur la production et le dépôt d'un extrait authentique de l'acte de cession ou de mutation. Un procès-verbal d'enregistrement est dressé par le secrétaire général de la préfecture, en présence du déposant et signé par lui sur un registre spécial. Une expédition de ce procès-verbal peut être délivrée immédiatement contre le remboursement des frais de timbre.

L'enregistrement d'un acte de cession a lieu sans frais, au secrétariat de la préfecture ; mais il ne dispense pas du paiement du *droit de mutation* dû à la régie de l'enregistrement, et qui est de 2 0/0 du prix de cession.

La cession faite par *acte sous-seing privé* ou *non enregistrée*, n'a d'effet qu'entre les parties contractantes ; elle est nulle au regard des tiers et ce n'est qu'à partir de l'enregistrement effectué que le cessionnaire peut agir en vertu de sa nouvelle qualité, contre ceux qui ont des titres et des droits à faire valoir contre la cession, ou bien encore contre les contrefacteurs.

DE LA SAISIE DES BREVETS.

Le brevet d'invention, faisant partie des biens du breveté, est le gage commun des créanciers de ce dernier et peut être saisi par eux. Cela n'est douteux pour personne, mais l'on se montre plus hésitant sur les formes de *procédure à suivre*, la loi étant muette à cet égard. Nous pensons qu'en vertu d'un titre exécutoire, ou à défaut de la permission du juge, une saisie-arrêt peut être formée sur un breveté entre les mains du secrétaire général de la préfecture où le brevet a été demandé, ou bien entre les mains du ministre de l'agriculture et du commerce.

L'exploit de l'huissier devra être visé par le fonctionnaire entre les mains duquel il le signifiera, et contiendra, outre les formules d'usage, l'énonciation du brevet par sa date et autant que possible le numéro de sa délivrance. La saisie-arrêt du brevet ainsi faite sera dénoncée et contre-dénoncée dans les délais légaux.

Le brevet ainsi saisi ne peut plus être valablement cédé par son propriétaire, mais les *droits du saisissant* ne vont pas jusqu'à s'emparer du brevet; il ne peut, à notre sens, qu'obtenir du juge qui validera la saisie, la mise en adjudication du brevet et en toucher directement le produit. — Le jugement d'adjudication devra être enregistré à la préfecture comme tous les actes de cession, ainsi que nous l'avons vu plus haut.

DES LICENCES.

Sans vouloir se déposséder entièrement de son brevet ou en aliéner la propriété même partielle, le breveté peut concéder seulement l'exploitation de son brevet, c'est-à-dire accorder une *licence*. La concession de cette licence n'est soumise à aucune formalité spéciale ; elle n'entraîne cession d'aucune portion de la propriété du brevet, et n'empêche pas le breveté d'accorder le même droit à d'autres personnes. Mais les conditions auxquelles est concédée la licence en font parfois une véritable cession ; aussi est-ce à ces conditions qu'il faut surtout s'attacher pour définir l'étendue du contrat ; et les tribunaux, en cas de contestations, apprécient souverainement si le droit concédé par le breveté constitue une cession proprement dite ou une simple licence.

La licence *n'a pas besoin d'être enregistrée*, quoiqu'il y ait quelquefois intérêt à le faire, dans le cas par exemple, où le brevet viendrait à être cédé, et afin de donner date certaine à la concession de la licence. En cas d'enregistrement d'une simple licence, ce n'est pas au secrétariat de la préfecture qu'il faut s'adresser, mais au receveur de l'enregistrement.

La licence n'est qu'une atteinte légère à la pleine jouissance du brevet : elle *ne donne aucun droit à la propriété du brevet* ; elle ne donne pas le droit de poursuivre les contrefacteurs ; elle ne confère que celui d'exploiter le brevet personnellement, sans préjudice du même droit que le breveté peut accorder à d'autres.

NULLITÉS ET DÉCHÉANCES DES BREVETS.

Toute personne intéressée peut demander la nullité ou la déchéance d'un brevet. Les brevets sont nuls lorsqu'ils ont été délivrés alors qu'ils ne devaient pas l'être ; les brevetés sont déchus lorsqu'ils ont commis des infractions aux lois protectrices de leur droit privatif.

La déchéance ne frappe le brevet que pour l'avenir ; la nullité l'atteint même dans le passé, car le brevet déclaré nul est censé n'avoir jamais existé.

La loi française prévoit huit *cas de nullité*, soit du brevet principal, soit du certificat d'addition. Ces huit cas de nullité sont les suivants : 1° Si la découverte, invention ou application n'est pas nouvelle ; — 2° Si elle n'est pas susceptible d'être brevetée ; — 3° Si elle ne concerne que des méthodes, systèmes, découvertes et conceptions théoriques ou purement scientifiques dont on n'a pas indiqué les applications industrielles ; — 4° Si elle est reconnue contraire à l'ordre ou à la sûreté publique, aux bonnes mœurs ou aux lois ; — 5° Si le titre sous lequel le brevet a été demandé indique frauduleusement un objet autre que le véritable objet de l'invention ; — 6° Si la description jointe au brevet n'est pas suffisante pour l'exécution de l'invention, ou si elle n'indique pas d'une manière complète et loyale les véritables moyens de l'inventeur ; — 7° Si pendant le cours de l'année qui a suivi la délivrance d'un brevet, un tiers s'est fait breveter pour des perfectionnements, malgré la préférence réservée au breveté principal ; — 8° Sont également nuls et de nul effet, les certificats comprenant des changements, perfectionnements ou additions qui ne se rattachent pas au brevet principal.

Les *causes de déchéance* sont plus limitées ; il n'y en a que trois, savoir : 1° Lorsque le breveté n'a pas acquitté son annuité avant le commencement de chacune des années de la durée du brevet ; — 2° Lorsqu'il n'a pas mis en exploitation sa découverte ou invention, en France, dans le délai de deux ans à dater du jour de la délivrance du brevet ou lorsqu'il aura cessé de l'exploiter pendant deux années consécutives, à moins que dans l'un et l'autre cas, il ne justifie des causes de son inaction ; — 3° Lorsqu'il aura introduit en France des objets fabriqués en pays étrangers et semblables à ceux qui sont garantis par son brevet.

CAUSES DE NULLITÉ.

Parmi les causes de nullité ou de déchéance des brevets que nous venons d'énumérer, certaines d'entre elles appellent quelques explications. Et d'abord, puisque *l'absence de nouveauté* dans l'invention ou découverte est une cause de nullité du brevet, précisons ce qu'il faut entendre par le mot *nouveauté* dans le sens de la loi qui régit les brevets d'invention.

Nous avons déjà dit que le caractère essentiel de l'invention brevetable était d'être nouvelle ; la société ne doit, en effet, sa protection qu'à l'inventeur véritable, à celui qui lui apporte ce dont elle n'était pas encore en possession. Dès lors, toutes les fois qu'une invention aura reçu avant d'être brevetée une publicité suffisante pour qu'on puisse l'exécuter, elle sera déjà tombée dans le domaine public, la société l'aura en sa possession et l'invention ne sera plus nouvelle, elle ne pourra plus être valablement brevetée. Si le brevet a été accordé par mégarde, il sera nul.

En présence d'une *antériorité*, les juges ont un pouvoir souverain d'appréciation, mais ils n'ont qu'à se poser une question : étant donné l'antériorité invoquée, pouvait-on exécuter l'invention ? Si oui, l'invention n'est pas nouvelle et par suite n'est pas brevetable ; si non, elle est susceptible d'être brevetée, et le brevet délivré est valable.

La loi ne distingue pas entre la publicité faite en France et celle qui a pu avoir lieu à l'étranger; dès qu'elle s'est produite, sous une forme ou sous une autre, dans un lieu ou dans un autre, le public est en possession de jouir de la découverte, et la société n'a pas à délivrer de brevet pour une invention déjà connue. « Peu importe que la publicité ait été plus ou moins étendue, a-t-on dit avec raison; si le public dans l'acception la plus large du mot, n'a pas connu, il a pu connaître, et il suffit que quelques-uns aient su pour que tous soient appelés à jouir de la position que les premiers ont acquise. »

La publicité n'est destructive de la nouveauté que si elle est antérieure, non pas à la délivrance du brevet mais au dépôt de la demande constatée par le procès-verbal dressé au secrétariat de la préfecture à laquelle l'inventeur s'est présenté.

Nous venons de dire que le mode de publicité importe peu, si la publicité existe; il faut toutefois reconnaître qu'il n'y aurait pas de publicité suffisante pour faire annuler un brevet dans le fait de parler à un tiers de son invention, de lui confier le secret de sa découverte dans une lettre missive, de procéder à des essais ou à des expériences, en présence de quelques amis ou d'hommes spéciaux, alors que l'on prend toutes les précautions pour que ces essais et ces expériences demeurent secrets : « Tant que l'inventeur tient sa découverte secrète, a dit fort justement Merlin, tant qu'il en use sans que le public puisse en pénétrer le mécanisme, sa propriété reste intacte et il est toujours à temps pour prendre les voies légales à l'effet d'empêcher qu'elle ne devienne une propriété publique. »

C'est d'ailleurs aux tribunaux à apprécier les faits, et nous croyons qu'il suffira de leur rappeler, pour les guider dans l'application de la loi, ces sages et prudentes paroles : « Le fait seul d'une exhibition plus ou moins publique ne suffit pas pour mettre obstacle à la prise d'un brevet ; il faut en outre que de cette exhibition il soit résulté tout à la fois une présomption d'abandon au domaine public, et en fait, une divulgation suffisante pour permettre d'exécuter l'objet exposé. »

La nullité d'un brevet peut être demandée et obtenue pour cause *d'insuffisance* ou de *dissimulation dans la description du brevet*. La disposition de la loi qui oblige le breveté, à peine de nullité de son brevet, à donner de son invention une descrption suffisante, a pour but de mettre, à l'expiration du brevet, toute personne en mesure de l'appliquer et d'empêcher que, par une réticence calculée, l'inventeur, en demeurant maître de ses secrets de fabrication, n'en conserve abusivement le monopole au préjudice du domaine public auquel l'invention appartient désormais. Ce que la loi exige de l'inventeur, c'est une description complète, telle qu'on puisse fabriquer sûrement l'objet breveté, en ne consultant que le brevet. « Ce que la loi désire, a-t-on dit, ce n'est pas une description irréprochable au point de vue du style, mais une description qui fait bien connaître l'invention. » Et le rapporteur de la loi de 1844 ajoutait : « Il faut que la description soit suffisante pour rendre l'exécution possible à un simple ouvrier s'il s'agit de choses de sa compétence, ou à un homme de l'art s'il s'agit d'objets qui l'excèdent et ne doivent pas être habituellement faits par un manœuvre. »

L'exactitude et la suffisance de la description doivent porter non-seulement sur les moyens à appliquer, mais encore sur les résultats à obtenir.

CAUSES DE DÉCHÉANCE.

La première cause de déchéance du brevet, avons-nous dit, c'est le *défaut de paiement de l'annuité*. Nous rappellerons que l'annuité doit être acquittée avant le commencement de chacune des années de la durée du brevet ; que l'administration ne met pas le breveté en demeure d'acquitter son annuité, et qu'il importe au breveté de se présenter chez le receveur, au plus tard la veille du jour anniversaire de la prise de son brevet.

Un brevet ayant été pris le 20 juillet 1881, c'est le 19 juillet 1882, avant la fermeture des bureaux du receveur, que le breveté a dû payer sa seconde annuité ; le lendemain, à quelque heure que ce soit, il serait trop tard ; le breveté serait déchu, une excuse tirée de la force majeure ; absence ou maladie du breveté par exemple, ne saurait même être valablement accueillie. Il n'y a que le cas de force majeure par suite d'événements politiques qui puisse être valablement invoqué ; mais alors, comme cela a eu lieu notamment en 1848 et en 1870, des décrets spéciaux viennent relever les brevetés de la déchéance encourue par eux pour défaut de paiement de leurs annuités.

La seconde cause de déchéance d'un brevet est le *défaut d'exploitation pendant deux années consécutives*. Le point de départ des deux années n'est pas le jour de la demande du brevet, mais bien le jour de la signature du brevet par le ministre. On remarquera aussi que l'interruption de l'exploitation doit durer deux années consécutives, c'est-à-dire sans reprise de travail ; toute reprise sérieuse du travail serait interruptive du délai. Une fois en possession du brevet, c'est-à-dire du privilège qu'il a sollicité, l'inventeur est tenu de l'exploiter ou de le faire exploiter, sérieusement, réellement, efficacement en France ou dans les colonies françaises ; telle est la règle à laquelle il est astreint sous peine de déchéance.

A l'encontre de ce qui se passe pour le défaut de paiement des annuités, le défaut d'exploitation de la découverte dans le délai prescrit n'entraîne pas nécessairement la déchéance du brevet ; la loi permet au breveté de justifier des causes de son inaction et ce sont les tribunaux qui ont tout pouvoir pour apprécier les motifs présentés par les inventeurs. En tout cas, c'est à l'adversaire du breveté à établir qu'il n'y a pas eu exploitation pendant deux années consécutives.

La troisième et dernière cause de déchéance résulte de *l'introduction en France*, par le breveté, *d'objets fabriqués en pays étranger*, et semblables à ceux qui sont garantis par son brevet. Cette troisième cause de déchéance repose sur une théorie protectionniste contre laquelle nous devons tout d'abord protester, mais elle existe et notre devoir est d'en tracer ici les limites.

La loi du 20 mai 1856 est venue corriger un peu ce que cette troisième cause de déchéance avait de par trop excessif. Aux termes de cette loi, et avec la permission du ministre, l'introduction en France des modèles de machines pourra toujours être autorisée ; il en sera de même des objets fabriqués à l'étranger lorsqu'ils seront destinés à des expositions publiques ou à des essais faits avec l'assentiment du gouvernement.

En dehors des cas prévus par la loi, le ministre ne pourrait autoriser l'introduction en France de produits étrangers, et l'autorisation ministérielle n'em-

pêcherait pas les tribunaux de prononcer la déchéance.

L'introduction de produits étrangers n'entraîne
déchéance qu'autant qu'elle est faite par le propriétaire du brevet ; si le breveté n'est pas intro-
ducteur, il n'y a pas lieu de prononcer une déchéance contre lui. Mais il ne faut pas ici qu'il y ait
de fraude ; pour ne pas encourir de déchéance, il
est indispensable que le breveté n'ait pas connu ou
autorisé, ou même toléré l'introduction des produits
étrangers ; sa bonne foi doit être parfaite.

La prohibition d'introduction ne s'étend pas *aux
mutières premières*, par exemple à des matériaux
destinés à la construction d'une machine brevetée
seulement dans son ensemble. Mais l'introduction
de toutes les pièces détachées dont se doit compo-
ser une machine équivaudrait à l'introduction de la
machine elle-même ; ce qui ne veut pas dire que l'introduction de quelques pièces accessoires fabriquées
à l'étranger entraînerait la déchéance ; il faut avant
tout rechercher si la pièce détachée, fabriquée à l'é-
tranger, est ou n'est pas la pièce capitale de la machine.

Remarquons, en terminant, que la loi prohibe
seulement l'introduction en France d'objets qui ne
sont pas dus au travail national, et qu'en cas de
simple transit, il n'y aurait pas lieu de prononcer la
déchéance du brevet.

DES ACTIONS EN NULLITÉ OU EN DÉCHÉANCE

Nous avons vu quelles sont les causes de nullité ou de déchéance des brevets ; il faut rechercher maintenant dans quelles formes ces nullités et déchéances peuvent être prononcées.

Et, d'abord, toute personne ayant un intérêt réel, sérieux, justifié, dont l'appréciation est, d'ailleurs, laissée aux magistrats, peut exercer l'action en nullité ou en déchéance d'un brevet. Il suffira, pour avoir intérêt à demander la nullité ou la déchéance d'un brevet, d'être exposé, si on ne prend pas les devants, à un procès en contrefaçon, ou d'exercer une industrie qui souffre directement ou indirectement du monopole revendiqué par le breveté, ou de vouloir tout simplement créer une concurrence au breveté.

Ainsi, tout individu, gêné dans l'exercice de son industrie par le breveté, peut demander la nullité ou la déchéance du brevet ; bien plus, le consommateur lui-même sera recevable en son action, parce que, dit-on, le consommateur a intérêt à la baisse des prix des objets qui sont dans le commerce, et, par suite, à la suppression de tout privilège qui entrave la libre concurrence des industriels.

C'est devant les tribunaux civils de première instance, seuls compétents en la matière, que doivent être portées les actions en nullité ou en déchéance de brevet.

A notre sens, la demande en nullité d'un brevet doit être toujours formée contre le titulaire du brevet, qu'il en ait conservé la propriété ou qu'il l'ait cédée en partie ou en totalité. Seulement, en cas de cession partielle ou totale du brevet, la demande en nullité devra être formée et contre le titulaire du brevet et contre le ou les cessionnaires. L'instance sera toujours introduite devant le tribunal du domicile du titulaire du brevet.

Observons toutefois que si, dans une instance en nullité de brevet, le demandeur avait omis d'appeler le titulaire du brevet ou l'un quelconque des cessionnaires, ceux-ci pourraient toujours intervenir pour défendre leurs droits menacés. Un simple porteur de licence, contre lequel aucune action en nullité de brevet ne saurait être valablement introduite, pourrait également, mais à ses frais, intervenir dans l'instance en nullité.

Les affaires en nullité ou déchéance de brevet sont instruites et jugées, d'après le droit commun, comme les affaires sommaires ; c'est-à-dire que, s'il y a lieu à enquête, les témoins seront entendus à l'audience. On ne devra pas perdre de vue que les affaires de cette nature ont été reconnues urgentes par le législateur, et que, sans les soumettre aux préliminaires de conciliation devant le juge de paix, elles seront toujours introduites, par voie de requête, au président du tribunal civil, avec assignation à bref délai.

Dans les instances en nullité ou déchéance de brevet, le ministère public devra toujours exprimer son avis, puisque les questions relatives au brevet intéressent la société tout entière; il pourra même se rendre partie intervenante aux débats et prendre des réquisitions pour faire prononcer la nullité ou la déchéance du brevet, ou bien encore se pourvoir directement par action principale, lorsque le brevet a été accordé à une invention non susceptible d'être brevetée, ou contraire à l'ordre public, ou sous un titre frauduleux.

Remarquons que l'intervention du ministère public ne saurait avoir lieu, pour la première fois, en appel; que s'il succombe dans son intervention principale, c'est le Trésor qui supportera les frais de son intervention; que s'il n'intervient que comme partie jointe, les frais de cette intervention incomberont à la partie qui perdra son procès

Lorsque la décision judiciaire qui annule un brevet est intervenue sur la demande d'un simple particulier y ayant intérêt, la nullité ou la déchéance prononcée est relative et n'a d'effet qu'à l'égard de ce particulier. Il en est tout autrement lorsque la nullité ou la déchéance a été prononcée sur l'intervention ou l'action principale du ministère public ; cette nullité ou cette déchéance est alors absolue, et la décision produit effet à l'égard de tous.

Les décisions prononçant la nullité ou la déchéance d'un brevet sont susceptibles de toutes les voies de recours ordinaires : opposition, appel, pourvoi en cassation.

Lorsque la nullité ou la déchéance d'un brevet a été prononcée par une décision définitive, ayant acquis l'autorité de la chose jugée, il en est donné avis au ministère de l'agriculture et du commerce, et la nullité ou la déchéance est publiée dans le bulletin trimestriel du *Bulletin des lois*, relatif aux brevets d'invention.

DE L'ACTION EN REVENDICATION

Entre deux brevets pris pour le même objet à des dates différentes, il est certain que le premier en date a la préférence. Si, cependant, le premier brevet a été pris par un individu qui n'est pas réellement l'inventeur de l'objet breveté, mais l'usurpateur d'une découverte, le véritable inventeur, tout en conservant le droit de demander la nullité du brevet pris ainsi en fraude de ses droits, peut agir plus promptement et plus efficacement en revendiquant la propriété du brevet qui lui fait grief.

L'action en revendication d'un brevet est portée devant les tribunaux ordinaires, comme les demandes en nullité ou déchéance. Elle n'est subordonnée qu'à une condition, c'est que le revendiquant établira que c'est à lui que l'invention a été empruntée. Les tribunaux, sans se préoccuper de la nouveauté de l'invention, n'auront qu'à examiner la question de savoir s'il y a eu ou non usurpation.

Le fait que le brevet a été régulièrement cédé à un cessionnaire de bonne foi ne saurait faire obstacle à l'action en revendication. Il en serait de même dans le cas où l'usurpateur aurait apporté des perfectionnements à l'invention primitive du revendiquant. Dans ce cas, les tribunaux n'auraient qu'à tenir compte de cette circonstance dans l'appréciation des dommages-intérêts auxquels ils condamneront l'usurpateur.

C'est qu'en effet, en dehors de la restitution au véritable inventeur du brevet usurpé, les tribunaux prononcent aussi les dommages-intérêts contre l'usurpateur. Ils ont, sur ce point, un pouvoir souverain d'appréciation.

Mais, si le revendiquant succombe dans ses prétentions, c'est lui qui doit alors indemniser le prétendu usurpateur pour le dommage que son action en revendication a pu lui causer ; et ce sont encore les tribunaux saisis qui fixent souverainement le chiffre de ces dommages-intérêts.

L'action en revendication d'un brevet est personnelle au propriétaire de l'invention ; ses créanciers peuvent toutefois l'exercer.

Lorsque les tribunaux civils ont reconnu bien fondée la réclamation du revendiquant, ils ordonnen que le nom de celui-ci remplacera sur le brevet celui de l'usurpateur; et, pour faire opérer cette substitution de nom, il suffit de présenter au ministère de l'agriculture et du commerce une expédition conforme du jugement.

DES INVENTIONS ADMISES AUX EXPOSITIONS PUBLIQUES

Une loi, du 23 mai 1868, protège tout spécialement l'inventeur qui veut produire son invention dans toutes les Expositions publiques autorisées par l'administration.

Aux termes de cette loi, tout inventeur, sans distinction entre le Français et l'Etranger, peut, dans le mois qui suit l'ouverture de l'Exposition, demander au préfet ou au sous-préfet, dans le département ou l'arrondissement duquel l'Exposition est organisée, un certificat provisoire qui lui assurera les mêmes droits que lui eût conférés un brevet d'invention.

La demande de ce certificat peut être adressée, même par simple lettre, si l'inventeur veut éviter un déplacement ; mais, en tout cas, à la demande doit être jointe une description exacte de l'objet à garantir, et, s'il y a lieu, d'un plan ou d'un dessin. Enfin, la délivrance du certificat est gratuite.

L'administration délivre le certificat aux risques

et périls de l'inventeur, sans se faire juge de la valeur des demandes qui lui sont adressées. Le certificat ne saurait être refusé, à moins que la demande soit irrégulière, par exemple si elle n'était pas accompagnée d'une description de l'objet à garantir, ou bien encore si le titre de la description révélait une invention non brevetable.

En cas de refus du certificat, pour cause de demande irrégulière, l'inventeur pourra renouveler sa demande, mais à la condition qu'il soit encore dans le délai, c'est-à-dire dans le mois qui suit l'ouverture de l'Exposition. En cas de refus non justifié, l'inventeur pourra recourir du sous-préfet au préfet, puis du préfet au ministre, dont l'arrêté pourra encore être déféré au Conseil d'Etat.

Les effets du certificat, qui sont ceux, nous l'avons déjà dit, du brevet d'invention, remontent, non au jour de la demande, mais au jour de l'admission des produits exposés, et se continuent jusqu'à la fin du troisième mois qui suit la clôture de l'Exposition. L'inventeur doit, dans cet intervalle de temps, prendre, s'il le juge convenable, un brevet qui lui assurera alors, pendant le temps pour lequel il le demandera, les droits qu'il tenait transitoirement de son certificat.

Si, à l'expiration des trois mois qui suivent la clôture de l'Exposition. l'inventeur n'a pas pris de brevet, le monopole spécial qu'il tenait de son certificat cesse alors *ipso facto*, et son invention tombe dans le domaine public. S'il prend, au contraire, un brevet dans le délai qui lui est imparti, ce brevet prend date du jour où il a été demandé.

De ce que le certificat provisoire, délivré aux inventeurs exposants, confère à ceux-ci tous les droits que confère un brevet, il faut en conclure, à notre sens, que l'inventeur exposant tient de son certificat, tout comme il tiendrait de son brevet, le droit de poursuivre les contrefacteurs.

Peut-il saisir les objets contrefaits ? — La question a été souvent débattue ; depuis la loi du 5 juillet 1881, intervenue à l'occasion de l'Exposition internationale d'électricité, elle ne peut plus se résoudre que par l'affirmative. Rien ne s'oppose plus à ce que des objets admis à une Exposition soient saisis, et les vastes salles qui serviront à montrer au public les merveilles de l'industrie, ne pourront plus devenir un refuge inviolable pour les contrefac- teurs, un lieu d'asile pour la contrefaçon.

Toutefois, la saisie réelle, qui aurait pour résultat l'enlèvement des objets exposés, et, par suite, dans certains cas, le bouleversement des dispositions symétriques d'une Exposition ne sera pas permise ; la saisie simple, par description, est seule auto- risée. Mais le saisissant pourra toujours convertir cette saisie en saisie réelle, au moment où les objets sortiront de l'Exposition, et son droit se trouvera ainsi largement protégé comme il devait l'être.

Quant aux produits étrangers, ils ne jouissent pas d'une immunité complète ; mais, s'ils viennent d'un pays dans lequel le saisissant est protégé, et dans lequel, par conséquent, la contrefaçon pourra être poursuivie, ils jouiront, en France, de la faveur dont ils jouiraient dans leur pays ; si, au contraire, les produits viennent d'un pays dans lequel le saisissant n'est pas protégé, le sol de l'Exposition sera considéré comme un terrain neutre, comme le prolongement du sol étranger, et la saisie ne sera jamais permise dans ce cas.

TABLE DES MATIÈRES

TARIF DES DEMANDES DE BREVETS
DANS LES PRINCIPAUX PAYS

ÉTATS	DURÉE		PRIX MOYEN		PAIEMENT DES TAXES	
FRANCE.	15	ans	140	fr.	Tous frais payés	pour la première année
(*Certificat d'addition*).	—		60	»	—	pour toute la durée.
ALLEMAGNE.	15	—	225	»	—	pour la première année
ANGLETERRE	14	—	1.100	»	—	pour trois ans.
AUTRICHE	15	—	250	»	—	pour la première année
BELGIQUE	20	—	60	»	—	
BRÉSIL.	15	—	200	»	—	
DANEMARK.	10	—	250	»	—	pour toute la durée.
ESPAGNE	15	—	250	»	—	pour la première année
ÉTATS-UNIS D'AMÉRIQUE	17	—	650	»	—	pour toute la durée.
ITALIE.	15	—	225	»	—	pour la première année
LUXEMBOURG	15	—	60	»	—	
NORVÈGE.	10	—	250	»	—	pour toute la durée.
PORTUGAL	5	—	650	»	—	—
	10	—	900	»	—	—
	15	—	1.100	»	—	—
RUSSIE.	3	—	550	»	—	—
	5	—	800	»	—	—
	10	—	1.800	»	—	—
SUÈDE.	10	—	400	»	—	—

PARIS. — IMPRIMERIE BREVETÉE DE VEUVE ÉDOUARD VER1

29, rue Notre-Dame-de-Nazareth.